AF332345

NOTE

RELATIVE

AU POURVOI EN CASSATION

A LA MARTINIQUE,

SOUS

L'ANCIENNE LÉGISLATION CRIMINELLE.

PARIS,

IMPRIMERIE DE H. FOURNIER,

RUE DE SEINE, N. 14.

1835.

NOTE

RELATIVE

AU POURVOI EN CASSATION

A LA MARTINIQUE,

SOUS L'ANCIENNE LÉGISLATION CRIMINELLE.

Paris, 10 février 1835.

Attaqué avec une virulence sans exemple par la *Revue des colonies*, à raison des fonctions que j'ai remplies à la Martinique, et principalement à l'occasion de l'exécution qu'a reçue l'arrêt du 12 janvier 1824, je ne viens point répondre ici à des injures qui déshonorent la presse et où la licence du langage est poussée jusqu'à ses dernières limites; de pareils excès ne peuvent inspirer que l'indignation et le dégoût : mais,

(4)

bien que, dans une note publiée au mois d'octobre dernier, j'aie rappelé qu'il avait été reconnu par la Cour de cassation et par le gouvernement que l'arrêt de 1824 avait dû s'exé-
cuter et que ce qui avait été fait à cet égard
à la Martinique était la conséquence néces-
saire de l'état de la législation à cette époque,
je crois utile aujourd'hui de donner quelques
détails sur ce point, afin que cette partie du public, qui peut avoir connaissance des calomnies
systématiques de la *Revue des colonies*, ne se laisse
pas égarer par la ténacité de ses allégations : ceci
n'est point une réponse à la *Revue* ; c'est une
note que je crois devoir à moi-même et à mes
concitoyens.

Sous l'ancienne jurisprudence criminelle du
royaume, le pourvoi en cassation n'avait ni le
même caractère, ni les mêmes effets, qui lui ont
été attribués par les lois faites depuis 1789. Il
était porté au conseil du Roi et n'était point suspensif. Les cours avaient alors une organisation
plus large, des attributions plus souveraines, et,
si l'autorité royale avait cru devoir accorder aux
justiciables la voie de la cassation, elle en avait
cependant limité les effets. Les formes du pourvoi étaient écrites dans le réglement du mois de
juin 1738 ; l'article 29 du titre 4 de ce réglement

porte expressément que les demandes en cassation *ne pourront empêcher l'exécution des jugemens et arrêts.*

Quelqu'étrange que cette disposition paraisse aujourd'hui en matière criminelle, il ne faut pas oublier qu'elle était alors une suite du principe de souveraineté des cours; que la voie de la cassation n'avait été introduite dans la législation française que depuis assez peu de temps, et que ses conséquences n'ont été bien déterminées qu'en 1790. Cet état de la législation ancienne est constaté par tous les auteurs qui ont traité la matière, et l'a été encore récemment par M. Godart Desaponay dans son *Manuel de la Cour de cassation.*

Cette cour a été créée par la loi du 27 novembre 1790. L'article 16 de cette loi porte *qu'en matière civile* la demande en cassation n'arrêtera pas l'exécution du jugement. C'était introduire implicitement le principe contraire pour les matières criminelles.

La loi de septembre 1791, art. 3, établit positivement que l'exécution des jugemens criminels serait suspendue en cas de pourvoi.

Enfin les articles 440 et 443 du Code de brumaire an IV, confirmèrent et développèrent ces principes.

Il n'en était pas de même dans les colonies, où l'ancienne législation de la France demeurait en vigueur.

En 1824 et antérieurement, la Martinique était régie, quant à lá procédure criminelle, par l'ordonnance de 1670, et quant au pourvoi en cassation, par le réglement de juin 1738; ni les lois de 1790 et de septembre 1791 sur la forme et les effets du pourvoi en cassation, ni aucune des lois faites depuis lors sur cette matière, n'avaient été mises en vigueur.

Il y a plus : le réglement de 1738 n'avait point été enregistré dans la colonie, et n'y était suivi que pour les matières civiles; il était passé en jurisprudence constante que les pourvois au criminel n'étaient point admissibles. Ces faits ont été constatés en 1825 par le ministre de la marine, vis-à-vis de la Cour de cassation elle-même et par les explications données aux chambres en 1826, où le Ministre est entré dans les développemens les plus étendus, a rappelé l'état de la législation coloniale, a dit que le *gouverneur lui-même* n'aurait pas eu le droit de suspendre l'exécution de l'arrêt, et que le ministère de la marine n'avait pas cru devoir saisir la Cour de cassation du pourvoi, *parce qu'il ne pensait pas que ce pourvoi fût admissible.* (*Moni-*

teur du 8 juin 1826. Voyez à la suite de cette note un extrait de ce discours.)

Cette doctrine de la non-recevabilité des pourvois au criminel contre les arrêts des colonies, avait servi de base à la décision royale donnée en 1816 pour l'île de Bourbon, ainsi qu'à l'ordonnance pour le Sénégal, et, on a lieu de le penser, aux projets inédits pour la Martinique elle-même ; — les magistrats étaient donc à cet égard dans la plus grande bonne foi.

En 1825, la Cour de cassation eut à examiner sa compétence à l'égard des pourvois contre les arrêts rendus au criminel par les magistrats de la Martinique, et elle pensa devoir se saisir de ces pourvois. C'est par suite de cette décision qu'elle a connu plus tard de l'affaire des hommes de couleur.

Mais, ainsi que nous l'avons vu, d'après les lois qui régissaient la colonie et d'après le texte même du réglement de 1738, titre 4, article 29, le recours en cassation, en le supposant possible, n'était pas suspensif. Ce point a été reconnu par le procureur-général près la Cour de cassation , par le ministre de la marine, et a été formellement jugé par la cour suprême dans l'arrêt définitif du 30 septembre 1826.

..... « En matière criminelle, dit cette cour,

« sous l'empire de l'ordonnance de 1670 et de
« l'édit de 1738, les arrêts de condamnation de-
« vaient être exécutés dans les vingt-quatre
« heures, et le pourvoi en cassation *n'était point*
« *suspensif*, etc. »

Un arrêt rendu le 27 octobre 1827 par la cour
royale de la Guadeloupe a rappelé ces principes.

Il faut ajouter à cela que le réglement de 1738
ne prescrivait aucune formalité à remplir *dans les
colonies* pour le pourvoi en cassation ; ne pronon-
çait aucune déchéance, faute de s'être pourvu lo-
calement, et qu'il donnait une année entière pour
se pourvoir à Paris, au greffe de l'ancien conseil
d'État, aujourd'hui de la Cour de cassation.

Ce délai *d'une année* a dû être restreint à *trois
jours*, lorsque plus tard le pourvoi est devenu
suspensif, conformément aux principes de la loi
de 1791.

On a prétendu, je le sais, qu'une ordonnance
ou déclaration de 1750 ou 1755 avait abrogé les
dispositions relatives à l'exécution des jugemens
et arrêts... Il n'en est rien : nous avons établi
plus haut d'une manière positive le véritable état
de la législation française antérieure à 1789, en
ce qui touche le pourvoi en cassation. Nous n'a-
vons pu trouver l'acte dont on parle, même dans
le *Recueil général des anciennes lois françaises*,

ouvrage publié par M. Isambert. — Mais dans les plaidoiries qui ont eu lieu devant la Cour de cassation en septembre 1826, nous voyons qu'il s'agissait d'une Déclaration adressée au seul parlement de Rouen. Ce document est dans tous les cas étranger à la question des demandes en cassation et encore plus étranger aux colonies, dont nous avons constaté la législation et où son existence même était entièrement ignorée. Ce moyen d'ailleurs, plaidé avec insistance et objet d'un chef spécial de conclusions devant la cour suprême, a été repoussé par la décision solennelle énoncée plus haut, qui ne permet plus de discussion sur ce point. — (Voyez à la fin de cette note un extrait de l'arrêt.)

Le commencement d'exécution de l'arrêt de 1824 était donc chose légale et forcée. L'on a fait alors ce qui s'était toujours fait et ce qui s'est encore fait plus tard, comme on va le voir.

Cet état de la législation n'a été modifié à la Martinique que *trois années* après l'arrêt rendu en janvier 1824, et, dans cet intervalle, de nouveaux actes de l'autorité sont venus corroborer l'ancien principe qui subsistait toujours, et de nouveaux arrêts rendus au criminel ont reçu immédiatement leur exécution dans la colonie.

Il résulte de l'article 47 de l'ordonnance royale du 21 août 1825, rendue applicable à la Martinique, qu'en matière criminelle il pouvait encore y avoir lieu à l'exécution des arrêts dans les vingt-quatre heures, et ce principe n'a été changé pour la Martinique que par la dépêche du ministre de la marine et des colonies en date du 3 novembre 1826, où le ministre décide que.... « *jusqu'à ce que cette partie de la jurisprudence* « *ait été réglée par l'organisation judiciaire*, le « gouverneur devra, malgré l'article 47 ci-dessus « cité, faire surseoir à l'exécution des arrêts de « condamnation en matière criminelle, en cas « de pourvoi en cassation. »

Cet ordre, le premier de ce genre arrivé à la Martinique, a été religieusement observé.

Une ordonnance royale en date du 4 juillet 1827 détermina les formes du pourvoi pour les colonies occidentales. L'art. 8 établit, pour la première fois, que le pourvoi se ferait par acte au greffe, dans les trois jours francs.

Enfin le Code d'instruction criminelle fut enregistré à la Martinique le 5 mars 1829.

Telle est la marche progressive par laquelle cette colonie a passé graduellement de l'ancienne législation à celle qui la régit aujourd'hui.

Il résulte de tout ce qui précède :

1° Qu'il était de jurisprudence à la Martinique, en janvier 1824, et même postérieurement, jusqu'à la fin de 1825, que le pourvoi contre les arrêts des colonies, au criminel, n'était pas recevable (1) ;

2° Que le pourvoi, reconnu recevable, n'était cependant pas suspensif de l'exécution des jugemens et arrêts ; et que ce n'est que trois ans après l'arrêt de janvier 1824, qu'il a été ordonné à la Martinique de surseoir à l'exécution, lorsqu'il y aurait pourvoi en cassation.

Tout ceci a été clairement établi et prouvé en 1825 et 1826 ; mais que servent les décisions de la cour suprême, l'autorité du gouvernement, celle des faits ; et la législation positive, contre l'aveuglement systématique de l'esprit de parti et d'une haine invétérée ?

______

(1) La jurisprudence n'a même été complètement fixée sur ce point que par l'arrêt de la Cour de cassation du 30 septembre 1826, qui a jugé cette question.

Jusqu'en 1827, le gouvernement a été fort indécis sur le parti qu'il prendrait, dans l'organisation judiciaire des Colonies, relativement au pourvoi en cassation au criminel : des motifs graves et puissans militaient pour et contre. La difficulté n'a été résolue qu'en 1827 et 1828, par une espèce de transaction.

Au milieu des difficultés de ma position en 1824, j'ai la conviction profonde de n'avoir fait que mon devoir, et c'est une justice qui dès long-temps m'a été rendue d'une manière assez écla-tante pour que je sois au-dessus des atteintes de la calomnie!...

DE LUCY,

Ancien procureur-général par intérim de la Martinique (1).

Extrait du discours de M. de Chabrol, Ministre de la Marine, dans la séance de la Chambre des députés, du 6 juin 1826.

.... Ces condamnés s'étaient pourvus en cassation. Ce pourvoi était-il recevable ? la ques-tion était au moins douteuse; car dans l'inter-valle de près de trente ans, d'où date la réforme de notre jurisprudence criminelle, à peine trou-vait-on un ou deux arrêts de la Cour de cassation

(1) J'ai quitté les fonctions intérimaires du ministère public, pour reprendre celles de conseiller à la Cour royale de la Martinique, le 2 mars 1824.

qui eussent statué sur une cause de ce genre, et ces arrêts n'avaient pas fixé la jurisprudence ; elle ne paraît l'avoir été que dans ces derniers temps.

Voici en effet la raison de douter. Sous l'empire du Code de procédure criminelle qui nous régit, le pourvoi en cassation contre les arrêts rendus en matière criminelle ou correctionnelle est un moyen régulier et habituel de recours ouvert aux parties. Il est nécessairement suspensif, et la raison le voulait ainsi, car il eût été absurde d'ouvrir un recours régulier et habituel contre des jugemens qui auraient reçu leur exécution, exécution qui, dans beaucoup de cas, et notamment dans les matières de grand criminel, eût été irréparable. En était-il de même sous l'empire de l'ordonnance de 1670 ? ordonnance, au reste, qui a régi la France depuis Louis XIV jusqu'à l'époque de la révolution. Non, Messieurs, sous l'empire de cette ordonnance, les arrêts des cours souveraines étaient exécutés dans les vingt-quatre heures ; le pourvoi en cassation ne suspendait point l'exécution, à moins qu'un ordre spécial qui ne pouvait être donné que par le roi seul, n'en eût disposé autrement. Aussi, sous l'empire de cette ordonnance, les cassations d'arrêts de cour souveraine étaient plutôt dans l'intérêt de la réhabilitation de la mémoire que dans celui du condamné, et on citait à peine quelques exemples très rares de pourvois qui eussent suspendu l'exécution.

Le réglement du conseil de 1738, qui avait déterminé les formes ou les jugemens du pourvoi devant le conseil d'État, qui exerçait en ce génre les attributions aujourd'hui réservées à la Cour de cassation, en contenait une disposition formelle. L'article 29 de ce réglement s'exprime ainsi :

« Les demandes en cassation, et même les ar-
« rêts qui interviendront pour demander les
« motifs ou pour ordonner que la requête sera
« communiquée à la partie, ne pourront empê-
« cher l'exécution des arrêts ou jugemens en
« dernier ressort, dont la cassation sera deman-
« dée, et ne seront données aucunes défenses ni
« surséances en aucun cas, si ce n'est par ordre
« exprès de S. M. »

A l'égard des colonies, des lettres closes du roi avaient interdit au gouverneur d'accorder les lettres de sursis dont il vient d'être parlé, et l'art. 51 de l'ordonnance du roi du 1er février 1766 ne leur en accordait la faculté que dans le cas de recours en grâce et après en avoir délibéré dans un conseil composé du gouverneur, de l'intendant et du procureur-général.

Le nouveau Code de procédure criminelle a sans doute établi des principes plus conformes à la justice et à l'humanité, mais ce Code n'a pas été promulgué dans nos colonies. Elles sont régies par l'ordonnance de 1670. Par conséquent les jugemens rendus par les cours souveraines sont exécutés dans les vingt-quatre heures sans qu'il puisse dépendre du gouverneur d'en suspendre l'exécution. C'est donc bien à tort qu'on a accusé ce fonctionnaire de précipitation et de barbarie ; car il n'a fait que se conformer aux lois qui régissent les colonies, à celles qui ont régi la France jusqu'à l'époque de la révolution...—

. . . .

. . . .

Extrait de l'arrêt de la Cour de cassation, en date du 30 septembre 1826.

Attendu , sur le dixième moyen , que l'illégalité de l'exécution n'entraînerait point la nullité ou l'illégalité de l'arrêt ; que d'ailleurs, en matière criminelle, sous l'empire de l'ordonnance

de 1670 et de l'édit de 1738, les arrêts de condamnation devaient être exécutés dans les vingt-
quatre heures, et le pourvoi en cassation n'était
point suspensif, mais seulement dévolutif :

. . . .

La cour rejette ces moyens.

. . . .

. . . .